LE
MAUSALA PARVA

FORMANT LE LIVRE XVI

DU MAHABHARATA

TRADUIT ET ANNOTÉ

PAR ÉMILE WATTIER

PARIS

BENJAMIN DUPRAT

LIBRAIRE DE L'INSTITUT, DE LA BIBLIOTHÈQUE IMPÉRIALE ET DU SÉNAT

Rue du Cloître-Saint-Benoît, 7

—

1864

PARIS. — IMPRIMERIE DE J. CLAYE
RUE SAINT-BENOIT, 7.

PRÉFACE

Lorsque Vyasa dicta et fit écrire, en vingt-quatre mille slokas, le poëme appelé le Bharata, ce poëme n'avait pas d'épisodes [1] : l'idée étant venue de fixer au moyen de l'écriture, dont l'invention sans doute était nouvelle, les souvenirs des anciens temps qui flottaient alors dans la mémoire des peuples Indous, on choisit le Bharata pour être le centre commun autour duquel ces légendes seraient groupées.

Ainsi se trouva formé, au grand détriment de l'ouvrage primitif, étouffé sous soixante-seize mille slokas d'adjonctions, ce qui maintenant s'appelle le Mahabharata.

Le chant, dont on donne ici la traduction, raconte la destruction des Kshatriyas de la race de Yadou par l'effet d'une malédiction de Brahmanes, et il est nécessaire, pour bien faire connaître les raisons de cette rigueur, de dire en quelques mots ce qu'était la fonction de ces deux castes dans la règle sociale (Dharma) établie par le législateur des Indes, Manou, et la raison des dissensions qui s'élevèrent entre elles.

Investie d'un seul pouvoir, le pouvoir spirituel, la caste des Brahmanes l'employait à maintenir par la force morale chacune des autres castes dans les limites du devoir spécial qui lui était prescrit.

La caste des Kshatriyas possédait, mais en délégation seulement, la puissance temporelle ; elle ne devait l'employer que pour maintenir les peuples dans l'obéissance aux lois ; de plus, comme caste guerrière, elle avait à protéger par les forces de l'action matérielle les peuples lorsqu'ils étaient attaqués.

---

1. Voir M. B. H. Adiparva, chap. I, slokas, 76, 79 et 104, et Foucaux, Épisodes du Mahabharata, p. 18, 19 et 25.

Le Brahmane, lui, ne devait pas s'attacher aux choses du monde, il ne devait posséder aucun bien[1] et ne jamais employer les forces de l'action matérielle. « La parole est seule l'épée du Brahmane, » dit Manou, au distique 33 du livre XI de ses Instituts. C'est pour cela que le Brahmane Rourou s'étant mis, pour venger sa femme mordue par un serpent noir, à infliger le châtiment de la mort à tous les serpents qu'il rencontrait, fut repris par le Brahmane Sahasrapad qui lui dit :

« Ne rien tuer de ce qui possède un souffle vital,
« c'est, ô toi qui es excellent! la règle suprême : que le
« Brahmane, en raison de cela, ne fasse périr aucune des
« créatures qui respirent. Le Brahmane est ici-bas l'être
« véritablement bienveillant par excellence; par la con-
« naissance qu'il possède des Védas et des Védangas, il
« est assurément un sujet de sécurité pour toute créa-
« ture, car ne pas tuer, dire la vérité et avoir les sens
« retenus, c'est là ce qui est prescrit par-dessus tout[2], et
« l'observation des prescriptions du Véda est le premier
« devoir du Brahmane. Que l'œuvre qui incombe au
« Kshatriya ne soit pas l'objet de ton désir : l'exercice
« du châtiment, la sévérité, ainsi que (l'obligation) de
« protéger les peuples en tout, c'est là ce qui est le
« devoir du Kshatriya, apprends-le de moi, ô Rourou[3] ! »

Telle était donc la règle prescrite à la première des castes. En ces anciens temps des institutions religieuses s'observant généralement selon ce qu'elles étaient, jamais les Brahmanes, ainsi qu'il en eût été selon les idées

---

1. Koullouka, au commentaire du distique 1, du premier livre de Manou, dit ceci :

« La prescription faite au Brahmane de vivre d'aumônes n'est
« que la lettre du devoir; éviter l'acquisition des biens est le devoir
« même, et procure seul la délivrance finale. »

2. Conf. Évangile saint Mathieu, chap. xix, verset 18.

3. Voir M. B. H., Paolomaparva, chap. xi.

actuelles, n'ont empiété sur la puissance temporelle des Kshatriyas : les dissensions qui s'élevèrent vinrent de ce que les Kshatriyas finirent par ériger le mandat de protéger les peuples en un droit de possession personnelle exercé dans l'intérêt exclusif de ceux qui imaginent être investis de ce droit.

Ce n'était pas pour en arriver là que l'institution du Kshatriya avait été créée. Aussi les Brahmanes, gardiens de l'ordre établi par la règle sociale, prirent en main la défense des peuples réduits alors à l'état de bœufs, moutons, abeilles, etc., protégés par un fermier, et furent les promoteurs de ce mouvement humain qui depuis, renouvelé souvent en semblable circonstance, a été nommé révolution par ceux-là mêmes qui en sont à la fois la cause première et la victime. Les Brahmanes firent donc révolter les peuples, qui anéantirent les Kshatriyas dans une guerre où il fut livré vingt et une batailles [1].

Les Brahmanes, après cela, loin de s'emparer du pouvoir temporel, se hâtèrent de faire renaître la classe guerrière en s'unissant aux femmes des Kshatriyas détruits. Le bonheur dont jouit le monde sous ces nouveaux protecteurs est décrit tout au long dans le soixantième chapitre de l'Adiparva [2].

Le monde était si excellemment réglé alors que les Asouras chassés du ciel [3] vinrent s'y établir, ils rendirent mères les femmes des rois [4], de là sortit une race de Kshatriyas qui, agissant selon son origine, fut hostile aux Brahmanes et recommença la tyrannie.

---

1. Voir M. B. H., Adiparva, chap. xix, et Foucaux, livre cité, p. 128.
2. Voir aussi Foucaux, livre cité, p. 129.
3. Voir M. B. H., Astikaparva, chap. vii.
4. Conf. Genèse, chap. vii.

La terre opprimée implora Brahma, et Brahma ordonna aux dieux de la délivrer [1].

Les dieux, pour accomplir l'ordre de Brahma, joignirent leur action divine à l'action humaine des fils de Pandou (Kshatriyas religieux et soumis aux Brahmanes), qui réclamaient les armes à la main leurs droits à la souveraineté, usurpés par les fils de Dhritarastchtra. Comment dans la guerre qui fut la conséquence de cette réclamation l'ordre de Brahma se trouva exécuté, c'est là ce qui fait le sujet principal du Bharata, poëme qui raconte, ainsi que les autres récits appelés épiques, l'action divine agissant dans une action humaine.

Avec l'aide de Vischnou, incarné par ordre de Brahma en la personne de Crischna, et avec les pouvoirs d'agir résultant de l'influence divine, les fils de Pandou font périr le plus grand nombre des Kshatriyas qui opprimaient la terre et reprennent la souveraineté.

La dernière phase de cette œuvre de délivrance commandée aux dieux par Brahma est racontée dans le Mausala. Vischnou détruit de sa propre main les Kshatriyas descendants d'Yadou, au milieu desquels il avait pris incarnation et dont il n'avait pu réprimer l'insolence. Sa mission ainsi terminée, il quitte le corps de son incarnation et remonte au ciel. Alors toute influence divine cesse de rayonner sur les Pandavas, qui, sentant leurs pouvoirs d'action éteints, se préparent à quitter le monde et à entreprendre le grand voyage [2], à la fin duquel se trouve l'apothéose qui termine le Bharata.

---

1. M. B. H. Adivança, Foucaux, livre cité, p. 134.

2. Voir, à la suite du Mausala, le livre intitulé : *Mahaprasthanika*. Ce livre a été traduit par M. Foucaux; voir livre cité, p. 406.

MAUSALA PARVA

Après avoir adoré Narayana [1], ainsi que Nara [2], le meilleur des Guides, et la Dévi Sarasvati [3] également, puisse maintenant surgir le succès !

Vaïsampayana [4] a dit :

Or, depuis ce temps-là, la trente-sixième pluie étant terminée [5], Youddhisthir [6], lui (qui fait) le bonheur des Kaoravas, vit se produire des présages contraires : les vents soufflèrent et des tourbillons furieux répandirent du gravier ; les oiseaux eurent (dans l'air)

---

1. Celui qui arrive par l'eau. Nom de Vischnou, considéré comme fécondant universel. Il était connu dans les anciens temps que la puissance immatérielle fécondante (divinisée en Vischnou), ne peut produire son effet que par l'intermédiaire de l'eau ; pour cela l'eau est toujours indiquée comme la première chose produite. Voir *Manou*, livre I, distique 8, et *Genèse*, verset 2 et versets suivants.

2. Nom d'un saint personnage. Ardjouna, le héros du M. B. H., avait été ce Nara dans une naissance précédente.

3. La déesse du langage.

4. Vaïsampayana est un disciple de Viasa ; c'est lui qui récite le Mahabharata, poëme composé par son maître.

5. Depuis le triomphe des Pandavas et l'avénement de Youddhisthir à la souveraineté. (Les Indous comptent les années par les saisons pluvieuses.)

6. Celui qui est ferme dans le combat, celui qui résiste.

des réunions de mauvais augure; de tous côtés les fleuves charrient, les contrées sont couvertes de neige, une pluie abondante et des aérolithes tombent du ciel sur la terre. Le disque du soleil, ô Radja! est complétement voilé par la poussière, et privé de ses rayons, il est toujours à son lever, contemplé par les Kabandas[1]. D'effrayants halos s'aperçoivent aussi autour du soleil et de la lune : triples par leur couleur, bordés de nuages menaçants, ils ont le (sombre) éclat de la cendre rouge. Ces prodiges et d'autres aussi se montrent en grand nombre, et souvent font battre vivement le cœur.

Or quelque temps après cela, Youddhisthir le Radja des Kaoravas, apprit le massacre de la tribu des Vrischnis qui avait eu lieu dans Mausala, et ayant su que le fils de Vâsoudéva [2] était délivré (de la vie), ainsi que Rama [3], le Pandavas après avoir rassemblé ses frères, il leur dit : « Que ferons-nous en cette circonstance [4] ? »

Djanamedjaya a dit :

Comment, ô Bhagavat [5]! les Andhakas avec les Vrischnis ont-ils été anéantis ainsi que les Bhodjas et

---

[1]. Les Kabandas sont des spectres horribles, ayant l'apparence d'un tronc privé de tête, avec une bouche au milieu du ventre. Les rayons du soleil les faisaient disparaître.

[2]. C'est Vischnou accomplissant dans la personne de Crischna l'incarnation (avatara) qui lui a été demandée, ordonnée. Voir Adivança, section LXIVe. (Foucaux, Épisodes du M. B. H., p. 136).

[3]. Balarama, frère aîné de Crischna.

[4]. Il y a ici une interpolation. (Voir l'Appendice au n° 1.)

[5]. Qui a part aux dons célestes. Nom donné soit aux Dieux, soit aux personnages vénérables.

les Maharathras [1], en présence du fils de Vasoudéva ?

Vaïsampayana a dit :

A la trente-sixième pluie depuis (ce temps, arriva) alors la grande infortune des Vrischnis, contraints par le sort, ils se tuèrent les uns les autres avec des masses d'armes.

Djanamedjaya a dit :

Pourquoi ces guerriers Vrischnis et Andhakas furent maudits, et s'en allèrent à leur perte, ainsi que les Bhodjas, raconte-le moi avec développement, ô toi qui es distingué entre les Douidjas [2].

Vaïsampayana a dit :

Les principaux entre les guerriers Saranas (?), aperçurent Visvamitra, Kanoua et Narada [3], riches en austérités, qui allaient vers la ville de Douaraka [4]. Après avoir habillé et attifé comme une femme un soc de charrue, subissant l'influence du châtiment Divin, ils s'approchèrent et dirent : « Cette femme c'est « (la femme) de Babrou [5], celui dont rien n'inter-

---

1. Ce sont là les quatre branches principales de la race des descendants d'Yadou.
2. Deux fois nés. — On appelle ainsi tout homme des trois premières classes qui a été investi du cordon sacré.
3. Brahmanes très-célèbres, et désignés comme auteurs d'un grand nombre d'hymnes du Véda.
4. La ville de Douaraka était située à la gauche de l'Indus, et près de l'embouchure de ce fleuve.
5. Un des principaux entre les Yadavas; il prenaient part au gouvernement avec Crischna et Rama.

« rompt la gloire et qui désire un fils, Richis [1], devinez
« au juste ce qu'il engendrera ! »

Ainsi interpellés, ô Radja ! ces Mounis, alors qu'ils étaient offensés par une raillerie, écoute, ô toi qui es préposé aux hommes ! comment ils répliquèrent.

« Pour la perte des Vrischnis et des Andhakas
« (Babrou), ce parent du fils de Vasoudéva [2] fécondera
« le soc de charrue d'une redoutable masse d'arme en
« fer : par elle, vous qui faites le mal à plaisir, qui
« froissez les hommes, fléaux des peuples ! vous serez,
« excepté Rama et Djanardana [3], les destructeurs de
« votre famille tout entière. L'illustre Halayouda [4],
« après avoir quitté son corps, s'en ira à la mer. Djara [5]
« tuera d'une blessure le magnanime Crischna [6], assis
« à terre. »

Ainsi, ô Radja ! après s'être regardés mutuellement, les yeux rouges de colère, s'exprimèrent en cette circonstance les Mounis offensés par ces individualités perverses. Après s'être exprimés ainsi, ces Mounis s'en allèrent alors vers Késava [7]. Le vainqueur de Madhou, dès qu'il eut entendu ce dont il s'agissait, connaissant la fin (des choses), doué de pénétration, il dit de suite

---

1. Prophètes.
2. Crischna.
3. Adoration des peuples. — Surnom de Crischna.
4. Celui qui a pour glaive un soc de charrue.—Surnom de Rama.
5. Ce Djara était Bali, roi des hommes des bois, dans sa nouvelle naissance : il était prédestiné à tuer Crischna.
6. Noir (nuance ardoise). — Dans les temps primitifs, la couleur noire, la première peut-être sous laquelle parut l'espèce humaine, était en grande considération.— (Voir ce que disent des Éthiopiens, Hérodote, livre III, sect. 20, et Homère, Iliade, chant i.) Les principales héroïnes du M. B. H. Draupadi Damayantieci sont noires.
7. Celui qui est chevelu. — Surnom de Crischna.

aux (Mounis) : « Il en sera ainsi ! » Après avoir dit cela[1], Hrichikésa entra dans la ville.

Lui l'arbitre du monde, il ne voulut changer en rien cette conclusion juste : aussi, dès le lendemain, le soc de charrue produisit véritablement la masse d'armes. Par elle, les hommes dans la tribu Vrischnis-Andhakas seront anéantis : elle est la figure de ce qui sera l'instrument principal de la perte des Vrischnis et des Andhakas.

Cette chose redoutable engendrée d'une malédiction étant venue au monde, on l'offrit au Radja[2], le Radja fit mettre en poudre fine cette forme qu'il redoutait ; de plus cette poudre, les hommes la jetèrent dans la mer, puis, ô pasteur des hommes ! à l'ordre de Darouka[3] ils crièrent dans la ville : « De par Djanar-
« dana[4] Rama et le magnanime Babrou également !
« Ce jour et les jours suivants, ici, dans toutes les fa-
« milles des Vrischnis et des Andhakas, la préparation
« des liqueurs spiritueuses ne doit être faite par aucuns
« de ceux qui habitent la ville[5].

« Et celui qui pourrait préparer (cette) boisson à
« notre insu, quelque personnage qu'il soit et n'im-
« porte où, qu'il monte vivant sur le pal[6], lui qui a
« préparé lui-même son supplice. »

Alors tous les hommes, dès qu'ils eurent connu

1. Celui qui a les cheveux tressés. — Surnom de Crischna.
2. C'est Balarama ; il était Radja, comme étant l'aîné.
3. Un des conducteurs du char de Crischna.
4. Celui que les hommes implorent. — Surnom de Crischna.
5. Voir, au sujet des liqueurs spiritueuses, Manou, livre XI, distiques 90-98.
6. Aux Indes, celui qui subissait le supplice du pal était transpercé par la poitrine.

l'ordre de Rama qui ne faiblit pas dans ses actes, se trouvèrent contraints par la crainte qu'ils avaient du Radja.

<blockquote>Tel est dans le très-excellent Mahabharata le premier chapitre du Mausala Parva.</blockquote>

Vaïsampayana a dit :

Malgré les mesures réformatrices (prises) pour la circonstance par les Vrischnis, et par les Andhakas également, le Temps rôda sans cesse à l'entour de leurs maisons à tous. Ce vieillard [1] chauve, aux dents saillantes, (à la taille) gigantesque, (au teint) brun foncé, après avoir examiné à distance les maisons des Vrischnis, il n'a été aperçu en quelqu'endroit que ce soit, et comme il survit à toute existence, frappé de cent mille flèches, les archers n'eussent pu le tuer par une blessure.

Les vents majeurs [2] s'élevèrent, âpres, et de jour en jour plus furieux par le désir d'accomplir la destruction des Vrischnis et des Andhakas. Les Mouchikas-Rathyas (?) se renforcent, pendant que les vases à eau se fendent. Les gens qui dorment ont leurs cheveux et leurs ongles rongés la nuit par les rats. Dans les maisons des Vrischnis, les Sarikas [3] crient : « Tchitchi-« koutchi ! » et ce cri ne s'apaise le jour ni la nuit non plus. Les grues en ce temps imitent le cri des chats-huants, et les boucs, ô Bharatide ! font entendre le hurlement des chakals. Poussés par la fatalité du

---

1. Il y a dans le texte « le mâle. » — On s'est permis ce changement qui est de peu d'importance.

2. Les vents de la mousson.

3. La Sarika est l'oiseau parleur par excellence. On indique ici qu'alors un cri désagréable remplaça en lui l'articulation de la parole.

moment, les colombes, celles qui sont blanchâtres avec les pattes rouges [1], entrèrent alors dans les maisons des Vrischnis et des Andhakas. Les vaches mirent au monde des ânes, et les mules de petits chameaux. Les chiennes ont des chats, et des rats naissent à des ichneumons. Cependant les Vrischnis, eux qui commettent les péchés, ils ne se repentirent pas alors, ils haïrent tout autant les Brahmanes comme aussi les mânes et les Dieux, et de plus encore (tous), mais non Rama et Djanardana, méprisèrent les Gourous [2].

Les femmes légitimes délaissèrent leur mari, comme aussi les maris leur femme légitime. Le soleil, brûlant et ne répandant qu'une lumière (couleur) de garance pourpre, parcourt sa carrière en sens inverse, et se levant chaque jour pour éclairer la ville, là où il devrait disparaître par éloignement, nombre de fois il fut vu entouré par des Kabandas mâles. Dans les mets préparés et surtout, ô Bharatide! dans la nourriture que l'on va manger, les mouches se voyent par milliers. Dans la journée pure [3] (journée) qui amène des récits, tant sur ceux qui ont vaincu que sur ceux qui furent grands par leur individualité, des conteurs étaient entendus et l'on n'appercevait personne. On vit s'annulant les unes les autres par des

---

1. C'est la Colomba Alba; elle est indiquée dans les ouvrages d'histoire naturelle comme originaire d'Orient. C'est une espèce très-sauvage, et qui fait son nid dans le creux des rochers les plus escarpés. — Il est fait mention de cette colombe dans la Bible, *Cantique des cantiques,* chap. IV, verset 12, et *Jérémie,* chap. XLVII, verset 28.

2. Les gourous sont les instituteurs religieux. Voir au sujet du respect qui leur est dû, Manou, livre II, distiques 225-237.

3. Le jour de repos, le jour de fête.

éclipses, toutes ces étoiles qui d'elles-mêmes (ne s'éclipsent) jamais. On entend dans les lieux habités par les Vrischnis et par les Andhakas résonner Pantchadjanya[1], et de tous côtés les ânes font entendre des sons discordants.

Hrichikésa voyant la perturbation du temps arrivée à ce point, après avoir observé ces (perturbations) pendant treize jours lunaires, il prononça ceci[2] :

« Ce que Gandhari, consumée de douleur mater-
« nelle en voyant sa famille détruite réclama dans son
« affliction[3], c'est cela qui s'approche, cela aussi qui
« fut par Youddhistir déclaré acquis infailliblement,
« lorsqu'il eut vu les effrayants prodiges célestes qui
« se manifestèrent jadis, les armées étant rangées en
« bataille. »

Après avoir ainsi parlé, le fils de Vasoudéva, désirant l'accomplissement de ce (qui a été prédit), fit, lui qui dompte l'ennemi, ordonner alors un pèlerinage : à l'ordre de Résava les hommes proclamèrent (ceci) :

« Vous qui êtes éminents parmi les citoyens, vous
« avez un pèlerinage à faire à la mer ! »

Tel est dans le très-excellent Mahabharata le second chapitre du *Mausala Parva*.

Vaïsampayana a dit :

Entrée pendant la nuit, la noire femelle Hasati[4] erre de tous côtés dans la ville de Douaraka, en rongeant avec ses dents blanches la peau des femmes en-

---

1. C'est le nom de la conque de Crischna.
2. Il y a ici une interpolation ; voir Appendice, n° II.
3. Ceci se rapporte à l'imprécation lancée par Gandhari contre Crischna. (Voir Appendice, n° III.)
4. Une des sakinis ou suivantes de Dourga, déesse de la destruction.

dormies [1]. Dans les places consacrées à l'Agnihotra[2], dans la cour des maisons, dans les maisons (mêmes), d'effrayants vautours frappent du bec les Vrischnis et les Andhakas. On vit les ornements (royaux), le parasol, les étendards ainsi que les cottes de maille, enlevés par des Raksasas très-redoutables. Ce présent d'Agni, la tchakra [3] de Crischna qui a un éclat semblable à celui de la foudre, d'elle-même alors elle monte au ciel en présence des Vrischnis. En présence de Darouka, les chevaux enlevèrent à leur suite le char divin couleur du soleil, et sur la surface de la mer, ils s'enfuirent ces meilleurs chevaux, rapides tous les quatre comme la pensée.

Cependant les principaux d'entre les Vrischnis, les Andhakas et les Maharathas, désirant, eux, ainsi que les (femmes de leurs) appartements intérieurs aller au dehors, ont alors opté pour le pèlerinage. Les Vrischnis et les Andhakas préparèrent en boire et en manger une nourriture diversifiée de plusieurs sortes de viandes et de liqueurs spiritueuses. Puis les troupes armées sortirent ensemble hors de la ville, belles à voir et resplendissantes d'éclat dans les fantassins, dans les cavaliers et aussi dans les éléphants. Puis les Yadavas, ayant le boire et le manger en abondance, s'établirent

1. Dans les Indes, on dort sur la terrasse des maisons.
2. Sacrifice à Agni, le Dieu du feu.
3. La tchakra est un disque en fer poli, tranchant par les bords et retenu par une courroie. On s'en servait en la faisant tourner autour de soi. Cette arme est très-ancienne; les Dieux seuls en sont armés. — C'est avec le tchakra que l'Eloïm Jéhovah arma les Chroubim chargés de garder l'entrée du Paradis:
« Il (Eloïm Jéhovah) plaça vers l'Orient du Paradis les Chroubim
« et la lame flamboyante du glaive tournoyant. » (*Genèse*, chap. III, verset 24, traduction Cahen.)

avec leurs concubines dans la place du pèlerinage comme ils le jugèrent à propos, et selon l'importance de leurs maisons.

Les ayant vus établir leur camp sur le bord de la mer Ouddhavas [1], lui, qui par contemplation divine est instruit des choses, se retira alors après avoir salué ces guerriers. Hari ne désira pas retenir cette grande individualité qui, sachant les Vrischnis perdus, s'en allait après s'être incliné en faisant Andjali [2]. Ayant ainsi le sort contre eux, les Vrischnis, les Andhakas et les Maharathas virent Ouddhavas partir en remplissant de son éclat le ciel et la terre. Pour ce qui regarde les Brahmanes, la nourriture qui leur avait été préparée se (trouvant) imprégnée de l'odeur des liqueurs spiritueuses, eux qui ont une grande dignité personnelle, ils la donnèrent aux singes. C'est alors qu'au (bruit) confus de cent trompettes, au milieu des danseurs et des mimes, commença un festin [3] d'un éclat éblouissant.

Près de Crischna, Rama accompagné de Kritavarman [4] buvait ainsi que Youyoudhana [5], Gada [6] et Babrou également aussi. Au milieu de l'assemblée Youyoudhana, excité par l'ivresse, adressa avec une intention également moqueuse et méprisante, la parole à Kritavarman :

---

1. Ami et conseiller de Crischna. (Wilson, Dict.)
2. Manière de saluer en levant la paume des mains en l'air.
3. Littéralement : un grand boire.
4. L'un des trois guerriers qui exécutèrent contre le camp des Pandavas l'attaque nocturne racontée dans le dixième chant du Mhb. le *Saoptika Parva*.
5. Celui qui aime le combat.
6. Jeune frère de Crischna.

« Quel est le Kshatriya qui étant repoussé peut
« (venir) tuer ceux qui sont endormis profondément?
« Fils de Hardikya¹? ce que tu as fait, les Yadavas
« ne le tolèrent pas ! »

Youyoudhana ayant dit cela, Pradyoumna², lui qui est éminent entre ceux qui montent sur un char, applaudit à cette parole, après avoir aussi témoigné du dédain pour le fils de Hardikya. Aussitôt Kritavarman, dans une colère extrême, parla ainsi :

« Toi qui enseignes ce qui est à mépriser! quand
« Bhourisravas ³, le bras coupé dans le combat, fut at-
« taqué par toi du côté gauche, ne succomba-t-il pas
« sous l'attaque d'un guerrier très-déloyal? »

Tel fut son dire; après l'avoir entendu, Késava Paraviraha⁴, l'esprit peiné, jetta d'un œil irrité des regards de travers⁵. Après l'avoir entendu, Satyabama⁶ arriva auprès de Késava, pleurant de rage et excitant Djanardana à la colère. Alors s'étant levé, le fils de Satyaki⁷ courroucé, dit cette parole :

« (Écoute) ceci ô toi, qui as une taille élégante!
« En réalisant ce qui a été (dit) dans la malédiction, je
« poursuis la vengeance des cinq fils de Draopadi, de
« Dhristhadyoumna, et de Sikandi. O vous qui dans
« l'attaque nocturne furent tués pendant le sommeil par

---

1. Kritavarman.
2. Fils de Crischna et de Roukmini.
3. La mort de Bhourisravas est racontée dans le Dronaparva, sections 141-143.
4. Celui qui repousse les guerriers qui lui sont opposés.
5. Ici se trouve un sloka interpolé. (Voir le n° IV de l'Appenice.)
6. Une des femmes de Krischna; elle est connue par ses exigences et par la violence de son caractère.
7. Youyoudhana.

« le pervers fils de Drona [1], accompagné du coupable
« Kritavarman! Terminée est en ce jour, et sa vie et
« sa gloire également! »

Ayant ainsi parlé, il courut rapidement, et de l'épée
de Késava qui était près de lui, il trancha, dans sa
colère, la tête à Kritavarman. Mais comme en outre
Youyoudhana tuait d'autres guerriers de tous côtés,
Hrichikésa accourut dans l'intention de le retenir. Alors
poussés par la perturbation (qui règne) en ce moment, tous étant dans le même état, les Bhodjas et les
Andhakas, ô Maharadjà! entourèrent le Saïnéien [2]. Les
ayant vu arriver, Djanardana qui s'irrite promptement,
connaissant la fatalité qui règne en ce moment, lui qui a
un grand éclat, il ne fut pas irrité. Or, possédés par
la boisson enivrante qu'ils avaient bue, contraints par
les décrets du destin, ils assommèrent Youyoudhana, en
jettant des vases sur lui. Mais comme on frappait le
Saïnéien, le fils de Roukmini furieux alla sur-le-champ
vers le fils de Sini pour le délivrer. Lui mêlé avec
les Bhodjas et Youyoudhana avec les Andhakas, ces
deux guerriers doués de la puissance du bras, combattant de tout leur pouvoir, succombèrent tous les
deux en présence de Crischna. Ayant vu son fils tué
ainsi que le Saïnéien, le descendant de Yadou Késava
saisit alors avec colère une poignée d'érakas [3]; cette
poignée devint une terrible masse d'arme faite en
marteau de fer, avec laquelle Crischna frappa quiconque se trouvait devant lui. Alors les Andhakas, les

---

1. Asouatthaman, le premier d'entre les trois qui exécutèrent l'attaque nocturne contre le camp des Pandacas.
2. Youyoudhana, descendant de Sini.
3. Herbe ayant des propriétés émollientes. (Wilson, *Dict.*)

Bhodjas, ainsi que les Saïnéiens [1] et les Vrischnis, poussés (par la fatalité) du moment, s'assommèrent les uns les autres dans un combat terrible. Celui d'entre eux qui dans sa colère, ô pasteur des hommes! saisit si peu que ce soit d'éraka, on vit cette éraka devenir un marteau, tout comme (dans les mains) de Vibhou [2] : l'herbe même, en ce moment se trouva être masse d'arme aussi.

Comprends ceci, ô Parthiva! [3] Toute chose est instrument aux châtiments des Brahmanes ! On offense ceux qui n'offensent pas, (ceux-ci) ô Radja ! ont lancé rien qu'une herbe, et cette (herbe) devenue marteau d'arme se trouve alors suffisante : le fils frappe le père, le père (frappe) le fils, ô Bharatide ! Les Yadavas, ivres, furieux, combattant les uns contre les autres, les Koukouras [4] et les Andhakas tombèrent de tous côtés comme tombent des sauterelles dans le feu, et l'idée de faire quartier ne vint à aucun des combattants.

Cependant, comme le vainqueur de Madhou, aux bras puissants, (lui) qui connaît la fatalité du moment, regardait alors, se tenant debout après avoir placé près de lui la masse d'arme, ayant un Sambha tué ainsi que Tcharoudeschna [5], Pradyoumna et Anirouddha [6] : Madhava [7] s'irrita, et ayant aperçu Gada étendu (mort) également, saisi de colère au plus haut

---

1. Famille Yadavienne, issue de Sini.
2. Celui qui partout a état d'être. — Surnom de Vischnou.
3. Roi considéré comme maître de territoire.
4. Une des familles Yadaviennes.
5. Autre fils de Crischna et de Roukmini.
6. Fils de Pradyoumna, petit-fils de Crischna.
7. Surnom de Crischna dont la signification n'en est pas bien connue.

degré, il agit sans épargner personne, lui qui porte la conque, la tchakra et la massue. Babrou, celui qui a un grand éclat, le vainqueur des villes ennemies[1], et Darouka également aussi interpellèrent alors Dasaarha[2] pendant qu'il massacrait ainsi : « Bhagavat ! des hommes « en nombre très-considérable ont été tués par toi jus- « qu'au dernier, cherche maintenant la trace de Rama, « et que là où il est, là nous allions ! »

> Tel est, dans le très-excellent Mahabharata, le troisième chapitre du *Mausala Parva*.

Vaïsampayana a dit :

Lorsque Darouka, Késava, ainsi que Babrou, descendant (sur) la trace de Rama, l'eurent aperçu, lui qui a une force infinie, appuyé contre un arbre et réfléchissant dans la solitude, Késava, après s'être assis près du généreux (Rama), donna alors cet ordre à Darouka : « Étant allé dans la (contrée) de Kourou, « annonce à Partha[3] ce grand désastre de la destruc- « tion des Yadavas, et qu'Ardjourna[4] vienne ici « promptement aussitôt qu'il aura appris (que) les « Yadavas (sont) morts d'une malédiction brahma- « nique. » Ainsi interpellé, lui, Darouka, il s'en alla en char vers le Kourou, l'esprit tout bouleversé. Darouka

---

1. C'est l'épithète qu'Homère donne à Nestor.
2. Qui est originaire de la contrée de Dasarha, surnom de Crischna.
3. Nom d'Ardjouna comme fils de Prithâ.
4. Blanc. — Cette couleur chez l'homme était rare à cette époque. Ardjouna dit de lui-même dans le Virata Parva, sect. 44 :
« Aux quatre extrémités de la terre, une couleur semblable à la mienne est difficile à rencontrer. »
Ctésias, chap. xi, dit aussi que parmi les Indiens, qui généralement sont noirs ou d'une couleur foncée, on rencontre des hommes et des femmes très-blancs, mais en petit nombre.

parti, Késava ayant alors regardé du côté de Babrou, prononça ces mots : « Par toi-même, va promptement « protéger les femmes, qu'elles ne puissent être ou- « tragées au gré de la convoitise bien connue des Da- « syons [1]. »

Parti sur l'ordre de Késava (Babrou), malade de boisson enivrante (et) affligé de la mort de ses proches, s'étant reposé seul et voué à une fin malheureuse non loin de Késava, une masse d'arme tendue [2] dans le piége d'un chasseur le tua subitement, lui, cet éminent Babrou (qui était) compris dans la malédiction des Brahmanes. Voyant Babrou tué, Crischna qui a un éclat éblouissant, dit à son frère aîné : « Toi, ô « Rama ! attends ici même pendant que je m'occupe « des femmes de nos parents. » Alors après être entré dans la ville de Douaravati [3], Djanardana adressa ce discours à son père : « Par toi-même, protége nos « femmes jusque à la dernière en attendant l'arrivée « de Dhanandjaya [4]. Je veille sur Rama, qui est à « l'entrée de la forêt, je m'en irai à cause de cela le « rejoindre aujourd'hui ; témoin de cet anéantissement « des Yadavas et des Radjas, autrefois la gloire des « Kourous, aujourd'hui je ne puis, moi, voir privée « d'eux cette ville des descendants de Yadou. Sache

---

1. Ce mot indique en général ceux qui vivent hors de la règle sociale : plus bas on verra le même mot désigner ceux qui pillent les caravanes dans le désert.
On voit ici que Crischna, au dernier moment de son existence, n'oublie pas la protection des peuples qui est son devoir spécial comme Kshatriya.
2. Littéralement jointe à.
3. C'est la ville de Douaraka.
4. Celui qui a conquis les richesses. — Surnom d'Ardjouna. (Voir Virata Parva, sect. 44.)

« cela de moi! Après être entré dans l'intérieur de la
« forêt, je pratiquerai le tapas [1] en compagnie de
« Rama. »

Ayant ainsi parlé, Crischna, après avoir de plus
touché de la tête les deux pieds (de son père), s'en
alla promptement. Mais comme une grande clameur
s'élevait du milieu des femmes et des jeunes gens de la
ville, Crischna ayant entendu ce bruit des femmes qui
se lamentaient, retourna sur ses pas et dit : « Saviasat-
« chi [2] viendra dans cette ville, il vous délivrera de votre
« inquiétude, lui qui est éminent entre les hommes. »

S'en étant allé, Késava fut voir alors Rama qui se
tenait à l'écart dans la forêt déserte. Mais comme alors
il aperçut un Nagas [3] énorme qui sortait de la bouche
de Rama plongé en extase, il pâlit [4]. Lui (Rama),
après avoir quitté ce corps qui fut le sien, montrant
alors Maharnava (?) à mille têtes, à face rouge, et au
corps terminé en silure : en raison de sa grande dignité
personnelle, l'océan, les nagas divins et les rivières
pures, vinrent de tous côtés pour le recevoir. Karko-
taka, Vasouki et Takshaka, Prithousrava, Varouna et
Koundjara, Misri, Sanka, Koumondja, Poundarika,
comme aussi le nagas Dhritarashtra le magnanime,
Hrada, Kranta, Silikanda, qui ont un grand éclat, ainsi

---

1. Les austérités de la vie ascétique qui s'exerce après l'abandon du monde.

2. Qui tend l'arc de la main gauche. — Surnom d'Ardjouna. — (Voir Virata Parva, sect. 44.)

3. Coluber Naga.

Les serpents figurés de chaque côté de l'Ureus dans les hyéro-glyphes des Égyptiens sont de cette espèce.

En général on entend par Nagas des génies d'un ordre inférieur, ayant une forme humaine avec une queue de serpent ou de poisson.

4. Littéralement : il gagna la pâleur.

que les deux nagas Tchkramanda et Atishanda, l'éminent nagas Dourmoukha Ambrisha aussi, et en plus Varouna le régent (des eaux) lui-même, ô Radja! étant venus au-devant (de lui), ils s'inclinèrent en saluant, et l'honorèrent aussi par l'oblation, l'eau et les rites.

Son frère parti, le fils de Vasoudéva qui a la perception divine et connaît tout ce qui doit arriver, errant alors, lui qui a un éclat éblouissant, dans la forêt déserte, il se coucha sur la terre afin de se recueillir. Comme en cet instant il fit repasser d'abord dans son esprit toutes les paroles qui lui furent dites par Ghandhari [1], il se rappela également aussi le discours qui fut prononcé par Dourvasas [2] en mangeant le reste de l'oblation. Ajoutant à cela en ses réflexions, la destruction des Vrischnis et des Andhakas, ainsi que l'amoindrissement des Kaoravas, le généreux (Crischna) constata (l'imminence) d'un temps de transition, et mit alors les organes de ses sens dans (l'état) de restriction absolue parce que, de la parole du fils d'Atri [3] dépendait l'intérêt protecteur des trois mondes; de plus (lui qui est) divin et voit la réalité de toute chose, à l'incertitude de la délivrance complète, il a préféré la certitude.

Les organes des sens, la parole et le manas [4] to-

---

1. Dans ses imprécations.
2. Ascète brahmane très-puissant par ses austérités. Il était d'un caractère irascible.
Les paroles auxquelles il est fait allusion ici n'ont pas encore été rencontrées dans le M. B. H.
3. Dourvasas.
4. Le manas est l'organe intérieur qui reçoit toutes les impressions perçues par les organes des sens et les transmet à l'ahamkara (le moi).

talement restreints, lui Crischna, était parvenu à une grande extase d'abnégation, comme arrivait en cet endroit Djara qui chassait en ce moment avide de gibier (et) surexcité. Croyant voir dans Késava assis et plongé dans la contemplation un antilope, ce chasseur Djara le frappa d'une flèche à la plante du pied [1]; puis sur-le-champ il s'élança vers cette (proie) dans son désir de la saisir ; mais apercevant un homme en extase, vêtu de jaune, ayant plusieurs bras [2], le chasseur Djara, l'esprit rempli de crainte et se jugeant criminel, lui embrassa les deux pieds; en ce moment cette grande individualité, qui par sa destinée possède le ciel et la terre, monte aux régions supérieures en délivrant (ainsi Djara) de son anxiété.

(Crischna) parvenu au ciel, Vasava [3] ainsi que les deux Aswins, puis les Roudras, les Adityas, les Vasous, tous en ce moment se levèrent devant (lui), ainsi que les Mounis, les Siddhas, les principaux Gandharvas avec les Apsaras. Alors, ô Radja ! Bhagavat à l'éclat éblouissant, Narayana qui est cause génératrice et qui est inaliénable, (celui) vers lequel on va dans l'extase, (lui) la grande individualité qui par sa destinée possède le ciel et la terre, il prit possession de la place qui de droit est la sienne.

Puis alors, Crischna entouré par les Dieux, les Richis et les Tchanaras, étant, ô Radja ! adoré par les principaux Gandharvas, les plus désirables des Apsaras, par

---

1. La manière de s'asseoir des Orientaux rend ceci très-facile à concevoir.

2. Crischna reprenait déjà la forme divine de Vischnou, toujours représenté avec quatre ou six bras.

3. Indra, régent du ciel et maître des divinités secondaires. Le Zeus (Jupiter) des Grecs.

les Siddhas et les Saddhyas prosternés ; les Dieux mêmes, ô Radja ! l'applaudirent, les plus excellents Mounis célébrèrent par des hymnes le Dominateur, les Gandharvas aussi se tinrent debout en chantant ses louanges, et Pourouhouta [1] s'inclina devant lui.

<blockquote>Tel est, dans le très-excellent Mahabharata, le quatrième chapitre du Mausala Parva.</blockquote>

Vaïsampayana a dit :

Cependant Darouka s'en était allé dans le (pays de) Kourou, après avoir vu les fils de Prithâ [2] aux grands chars, il raconta que les Vrischnis s'étaient anéantis les uns par les autres dans Mausala. Ayant appris que les descendants de Vrischni ainsi que les Bhodjas, les Andhakas et les Kaokouras (étaient) détruits, les Pandavas affligés eurent le manas [3] frappé de stupeur. Alors Ardjouna, l'ami chéri de Késava, après les avoir consultés, partit voir son oncle maternel [4] en disant : « C'est une fatalité ! »

Lui le héros prééminent étant allé en compagnie de Darouka à la résidence des Vrischnis, il vit (la ville de) Douaraka, laquelle ressemblait à une épouse qui a perdu son mari. Ces femmes, qui précédemment étaient pourvues d'un maître, qui était le souverain maître du monde, n'ayant plus maintenant personne pour les diriger, dès qu'elles eurent aperçu Partha [5], elles l'acclamèrent (comme) chef. Seize mille femmes (formant) la maison [6]

---

1. Celui qui est souvent invoqué. — Surnom d'Indra.
2. Prithâ est un des noms de Kounti, femme de Pandou.
3. Voir chap. IV, note 14.
4. Vasoudéva.
5. Le fils de Pritha. — Surnom d'Ardjouna.
6. Dans ce nombre de seize mille femmes, se trouve comprises

du fils de Vasoudéva, poussèrent toutes une grande exclamation lorsqu'elles virent Ardjouna arriver. Le descendant de Kourou ayant ainsi compris qu'elles étaient veuves de Crischna et de ses fils, il ne put, les yeux voilés par les larmes, les regarder fixement [1]. Le fils d'Indra dans son imagination s'est représenté Douaraka privée des mâles Vrischnis, sa fortune partie, séquestrée de toute joie, et semblable à une padmini [2] dans la saison brûlante. Ayant jeté les yeux sur cette Douaraka et sur ces femmes dévouées à Crischna, Partha gémit en répandant des larmes, et tomba sur le sol de la terre.

Aussitôt Satradjiti [3] ainsi que l'excellente Roukmini [4], ô protecteur des citoyens! étant arrivées avec empressement, entourèrent Dhanandjaya et fondirent en larmes. Ensuite après avoir relevé et assis sur un trône d'or le magnanime (Ardjouna), s'étant placées autour de lui, elles se tinrent debout sans parler. Alors, en louant Govinda et en le racontant, le Pandavas ayant consolé les femmes, il s'en fut de là voir aussi son oncle maternel.

Telle est, dans le très-excellent Mahabharata, la cinquième section du *Mausala Parva*.

---

les femmes de Crischna, celles de ses fils et de ses petits-fils, plus sa garde personnelle, les rois en Orient étant toujours, dans les temps anciens, gardés par des femmes.

La maison de Salomon dans laquelle on comptait sept cents Reines (*Rois*, liv. III, chap. xi, vers 3) ne devait pas être de beaucoup inférieure à celle de Crischna.

1. Il y a ici une interpolation. (Voir Appendice, n° V.)

2. C'est l'endroit d'un étang où il pousse une grande masse de lotus. (De Padma — Lotus.)

3 —?

4. Dorée, première femme légitime de Crischna.

Vaïsampayana a dit :

Le mâle descendant de Kourou aperçut le magnanime fils d'Anakadoundoubha assis consumé de douleur paternelle. Partha, aux grands bras, les yeux remplis de larmes, la poitrine oppressée, ayant sa peine augmentée de la douleur de (Vasoudéva), il lui embrassa les deux pieds, ô Bharatide ! Le fils d'Anakadoundoubha, qui a des bras puissants, ne souffrit pas cela (de la part) du fils de sa sœur, ô destructeur d'ennemis ! et il témoigna le désir de l'embrasser par la tête. Le vieillard aux bras puissants, ayant de ses deux bras entouré Ardjouna, pleurant ses fils, se rappelant tout, il déplora, tout tremblant de douleur (le sort de) ses frères, de ses fils, de ses petits-fils, des fils de ses filles, et de ses amis également.

Vasoudéva a dit :

« O Ardjouna ! ceux par lesquels cent maîtres de
« la terre et cent Daïtyas[1] furent vaincus, eux que je
« voyais ici, je ne les aperçois plus ! et rebelle à la
« mort, je continue à vivre, Ardjouna !

« Ces deux (héros), puisqu'ils furent tes disciples
« chéris et considérés, Pradyoumna et Youyoudana,
« qu'elle les rende, la mort dans laquelle sont allés les
« Vrischnis ! (qu'elle les rende) eux, qui parmi les
« guerriers Vrischnis ont été estimés pouvoir être les
« conducteurs de ton char, eux dont tu parles avec
« louanges, et qui avaient, ô redoutable fils de Kourou !
« une part dans l'affection de Crischna. C'est en eux,
« ô Dhanandjaya ! que consiste principalement la perte
« des Vrischnis. Je ne regrette, moi, ni le Saïnéien,

1. Titans, mauvais génies.

« ni Hardikya, ni Akroura ou Raukminya; certes en-
« vers ceux-là, oui la malédiction était motivée !

« L'arbitre du monde animé, celui, ô Partha! qui
« ayant pris son élan pour agir, priva de leurs corps
« Césina[1] et Cansa[2], ainsi que Tchédi[3], orgueilleux
« de sa force[4], il décida par avance. lui Adhokshadjas[5],
« qui partout a état d'être, la destruction de ses pro-
« ches, et dédaignant d'être lui-même perpétuellement
« mon fils chéri, il ne voulut assurément pas qu'il fût fait
« autrement que selon la parole de Ghandari, (parole)
« qui aussi fut celle des Richis. Devant tes propres
« yeux, ô Paramtapas[6] ! ton petit-fils tué par Asoua-
« thaman fut rendu à la vie par sa puissance ; mais
« lui, ton ami, il n'a pas jugé à propos de protéger
« ceux-là qui étaient ses propres parents !

« Ayant vu ses fils, ses petits-fils et aussi ses amis
« étendus morts, il me parla en ces termes : la des-
« truction de cette famille[7] elle est maintenant, ô le
« plus excellent des Bharatides! entièrement accom-
« plie; Vibatsous[8] viendra en cette ville de Douaravati,
« on doit lui raconter ce grand carnage qui s'est fait
« des Vrischnis, or, lui qui a un éclat immense, comme

---

1. Géant, mauvais génie.
2. Radja de Mathoura.
3. C'est Sisoupata Radja de Tchédi.
4. Il y a ici une interpolation. (Voir appendice n° VI.)
5. Qui produit ce qui est au dessous (du ciel). — Surnom de Vischnou.
6. Qui a pratiqué les mortifications d'une manière excessive. — Surnom d'Ardjouna. (Voir Virata Parva, sect. 44.)
7. Le mot sanscrit qui exprime ici l'idée de famille est Koula, d'où vient peut-être le mot Clan, encore employé en Écosse.
8. Celui qui censure. — Surnom d'Ardjouna. (Voir Virata Parva, sect. 44.)

« après avoir, ô toi qui préside[1]! appris la mort des
« Vrischnis, il arrivera promptement, moi je n'ai plus
« à faire ici. Considère-moi comme étant Ardjouna, et
« considère Ardjouna comme (s'il était) moi-même :
« Quoi qu'il puisse dire, pense bien, ô Bharatide! que
« cela doit être exécuté à la lettre. Parmi les femmes
« qui le méritent, et parmi les enfants aussi, le Pan-
« davas Vibatsous répartira l'office de tes propres ob-
« sèques, et aussitôt que Dhanandjaya s'en retournera,
« la mer submergera cette ville, qui a ses constructions
« fondées sur un sol factice[2]. Or, moi qui ai un devoir
« à remplir dans une certaine contrée pure, j'y passerai
« le temps voulu avec Rama qui est en méditation.

« Après avoir ainsi parlé, Hrichikésa, dont je ne
« puis comprendre le départ, m'ayant abandonné, ainsi
« que les enfants, il jugea à propos de s'en aller à
« cette contrée. Moi, qui a toujours présent à l'esprit
« ces deux (héros) magnanimes et chéris de toi, ainsi
« que ce cruel massacre de mes proches, dominé par
« la douleur, je ne me nourrirai plus et je cesserai de
« vivre avec joie. Fils de Pandou! tu es instruit de ce
« qui a été dit par Crischna, exécute-le, ô Partha! sans
« rien omettre. Les femmes ainsi que les joyaux sont
« véritablement comme ton royaume. Moi, ô Arinisou-
« dana[3]! de mon propre mouvement j'abandonnerai
« les souffles vitaux! »

Tel est dans le très-excellent Mahabbrarata et sixième chapitre du *Mausala Parva*.

---

1. Tous ceux qui gouvernaient étant morts ou absents, Vasoudéva était de fait le chef en ce moment.
2. Voir Appendice, n° VII.
3. Celui qui détruit complétement l'ennemi.—Surnom d'Ardjouna.

Vaïsampayana a dit :

Son oncle maternel lui ayant ainsi parlé, Vibatsous. dont la mortification est extrême, répondit ainsi l'esprit peiné au désolé Vasoudéva. « Je ne puis, ô mon
« oncle maternel, supporter en aucune manière la vue
« de cette terre privée du héros principal des Vrischnis,
« ainsi que des grands (de cette famille); le Radja [1]
« Bhimaséna, Sahadéva, le Pandava [2], Nakoula, et
« Yadjnasénu [3] (tous les) six nous partageons le même
« sentiment; de plus, le temps de transition de Radja
« s'écoule rapidement, sache, ô toi, qui es doué de la
« connaissance des temps, que ce moment est passé [4].
« Après avoir réuni de tous côtés les femmes Vrischnis,
« puis l'enfant et le vieillard également aussi, moi, ô
« Arindama [5], je m'en irai à Indraprastha [6]. »

Ayant ainsi parlé, Dhanandjaya dit cette parole à Darouka : « Je désire voir sans retard les ministres
« conseillers des héros Vrischnis. » Après avoir dit ces mots, Ardjouna, le héros qui regrette les (guerriers) aux grands chars, entra dans l'assemblée légale de Yadavienne. Dès qu'il eut pris séance, tous les fonctionnaires [7] brahmanes et notables de la ville l'ayant entouré

1. C'est Voudhisthir.
2. Ardjourna se désigne ainsi lui-même.
3. Draopadi.
4. Un nouveau Radja n'ayant pas été nommé dans le temps voulu à Douaraka, Ardjouna déclare qu'il va gouverner d'urgence.
5. Qui dompte l'ennemi.
6. Delhi
7. *Prakritayas.* — *De Prakriti,* mot qui désigne le principe productif passif. — Les fonctionnaires publics sont ainsi nommés parce qu'ils sont considérés comme les éléments passifs qui donnent à un ordre l'état de réalisation effectuée.

se tinrent debout devant lui. A tous ces gens désolés, anéantis, démoralisés, Partha, plus désolé encore en ce moment, dit ceci :

« Je conduirai, moi, le peuple des Vrischnis et des
« Andhakas lui-même à Indraprastha, car la mer sub-
« mergera cette ville tout entière. Faites préparer les
« moyens de transport et les choses précieuses de toute
« sorte. Vadjra [1] lui, aura dans Indraprastha le rang
« de Radja des personnes recommandables. Le septième
« jour, aussitôt que le soleil sera levé tout à fait, nous
« tous nous habiterons dehors. Soyez prêts sans retard ! »

Ainsi harangués par ce Partha, qui ne languit pas dans l'action, tous ces gens affligés firent alors à la hâte des préparatifs qui n'eurent pas leur complément. Partha habita cette nuit dans la maison de Késava, (ce qui le tint) plongé dans un immense et incessant paroxisme de tristesse.

Le jour suivant étant venu, comme alors le Saorien [2] Vasoudéva, constant dans sa résolution, s'en allait avec la splendeur d'une immense dignité dans la marche suprême, il s'éleva aussitôt une grande clameur dans la maison de Vasoudéva, (clameur) déchirante des femmes qui criaient et pleuraient. Toutes, les cheveux épars, sans colliers, sans bijoux, gémissaient pitoyablement en se frappant la poitrine avec les mains. Cependant Dévaki, Bhadra, Robini, ainsi que Madira [3] montèrent, ces meilleures des femmes, à la suite de leur époux. Puis, ô Bharatide! Partha fit accompagner le

---

1. Ardjouna conserve à Vadjra, petit-fils de Crischna, le rang de Radja.
2. Le descendant de Soura.
3. Ce sont les quatre femmes légitimes de Vasoudéva.

descendant de Soura par une grande procession formée d'hommes d'illustre origine. Poussés par la peine et le chagrin, tous les habitants de la contrée qui demeuraient à Douararaka arrivèrent aussi de côté et d'autre pour le suivre. En tête de la procession marchait le parasol Asouamédhien[1], les feux qui doivent consumer, ainsi que les officiants. Venaient à la suite du héros, les Dévies[2] magnifiquement parés, mille femmes les entouraient ainsi que des milliers d'épouses fidèles.

Ayant appelé (la prospérité) sur cette contrée chérie de cette grande individualité pendant sa vie, on procéda alors à ce sacrifice de l'ancêtre. Les quatre épouses, (femmes) aux beaux membres, allant là où va leur époux, dès qu'elles furent montées à la suite de ce héros fils de Soura, entré dans le bûcher funéraire, le fils de Pandou, avec du santal et des parfums de diverses sortes, le brûla, lui et les quatre femmes qui l'entouraient. Alors éclata le son vocal (sortant) de ce feu allumé et le bruit assourdissant des hommes chantant le Sama[3] et pleurant en même temps. Puis après, tous les jeunes successeurs des Vrischnis et des Andhakas conduits par Vadjra firent la libation de l'eau, comme aussi les femmes de grande (dignité) personnelle.

Phalagouna[4], lui qui n'oublie pas la règle sociale,

---

1. Parasol employé au grand sacrifice du cheval, sacrifice par lequel un Radja consacrait sa souveraineté.
2. On donne l'épithète de Dévies aux femmes qui ont contracté une alliance royale.
3. Le Samavéda ne se compose que de chants liturgiques. Ces chants sont formés de toutes pièces avec des vers pris dans les hymnes des autres Védas.
4. Celui qui est né sous la constellation Phalgouni. — Surnom d'Ardjouna.

après avoir fait remplir ce devoir, il s'en alla, ô le meilleur des Bharatides, là où les Vrischnis ont péri ; lorsqu'il eut aperçu ces (Vrischnis) tombés dans le combat, le descendant de Kourou, (déjà) extrêmement affligé, le devint encore davantage, et déplora amèrement leur sort. Tout ce qui était à faire à ces (héros), qu'une malédiction de Brahmane a tués avec des masses d'armes produites par de l'éraka, fut exécuté selon le rang de dignité. Ensuite ayant fait chercher le corps de Rama et du fils de Vasoudéva, il fit brûler l'un et l'autre par des hommes de confiance.

Les obsèques de ces (héros) accomplies selon la règle, le Pandavas étant monté en char, s'en alla le septième jour en toute hâte. (Montées) sur des chars attelés de chevaux et sur des bœufs, des ânes et des chameaux (marchant) ensemble, les femmes des guerriers Vrischnis, fondant en larmes et dominées par le chagrin, s'en allèrent à la suite du magnanime fils de Pandou Dhanandjaya. Puis les esclaves des Andhakas et des Vrischnis, les cavaliers, ceux qui sont en char, le vieillard et l'enfant privés de défenseurs, ainsi que les hommes qui habitent la ville, ceux-là, par ordre de Partha, marchèrent en entourant la kalatra[1]. Vinrent ensuite, sur des éléphants semblables à des montagnes, les Gadjarohas[2]; les soldats de profession, accoutrés de leurs chaussures[3], vinrent par pelotons[4]; les fils des Vrischnis et des Andhakas, tous dévoués à Partha, les

---

1. Partie où l'on place les femmes dans une caravane. — Ce mot signifie aussi citadelle.
2. Guerriers montés sur des éléphants.
3. Ces chaussures étaient peut-être des espèces de cnémides.
4. Littéralement : vinrent espacés.

Brahmanes, les Kshatriyas, les Vaïsias, les Soudras, comme aussi les hommes riches et les seize mille (personnes) de la maison du fils de Vasoudéva vinrent, ayant mis à leur tête Vadjra, petit-fils du sage Crischna [1]. Semblable en tout à une mer, ce peuple nombreux et riche des Vrischnis, Partha, le vainqueur des villes ennemies et le meilleur de ceux qui montent en char, l'emmena avec (lui). La population sortie, la mer, séjour des Makaras [2], submergea alors de ses eaux (la ville de) Douaraka remplie de richesses [3]. Après avoir aperçu de loin ce cataclysme, les habitants de Douaraka s'écrièrent : Hà! une action Divine! et ils marchèrent d'un pas plus rapide encore.

C'est en s'arrêtant dans les bois et dans les lieux agréables, sur les montagnes et près des rivières, que Dhanandjaya conduisit les femmes des Vrischnis. Lui, doué de prudence [4], et qui est chef, étant parvenu au très-florissant (pays de) Pantchanada [5], il fit un séjour dans cette contrée riche en bœufs, en bestiaux et en grains.

Alors, ô Bharatide! ayant vu que ces femmes dont les maris sont morts étaient conduites par Partha tout seul, la convoitise des Dasyous [6] s'émut. Comme ces pâtres ont la mauvaise action pour œuvre spéciale,

1. Il y a ici un distique interpolé. (Voir Appendice, n° VIII.)
2. Ce mot désigne le Narval. Il en existait dans la mer des Indes qui avaient 200 coudées de long et qui brisaient les vaisseaux. L'un des signes du zodiaque indien est un Makara.
3. Il y a ici un distique interpolé. (Voir Appendice, n° IX.)
4. Cette épithète paraît donnée ici à Ardjouna pour montrer que la prudence humaine ne peut rien contre l'action divine.
5. C'est le Penjab méridional, pays arrosé par la Tcharmavati (Choumboul) et ses affluents.
6. Voir sect. IV, note 3.

s'étant assemblés l'esprit obsédé par le désir, ils tinrent conseil dans une intention funeste[1]; ensuite mille de ces Dasyous prenant des bâtons ferrés coururent en pillards sur tous ces Vrischnis. Instruments de la fatalité du moment, ils tombèrent (sur eux) pour détruire en terrifiant chacun en particulier par un grand cri de guerre. Aussitôt étant retourné sur ses pas avec les gens de pied qui vont à sa suite, le fils de Conti, Ardjouna aux bras puissants, dit comme avec un sou-
« rire : Vous qui connaissez ce qui n'est pas selon la
« justice, retirez-vous, si vous désirez vivre ! (ou bien)
« frappés par moi, percés de flèches, soyez dans l'af-
« fliction à l'instant. » Ainsi harangués par ce héros, ayant fait « Qu'est-ce à dire ? » à ce discours, ces Dasyous, enivrés, pillant toujours de plus en plus, arrivèrent sur Ardjouna. Alors Ardjouna commença à prendre en main, comme avec un certain effort, l'arc divin, le grand et inaltérable Gandiva[2]. On pensa aux épées, mais Partha ne se les était rappelées en aucune façon. Ayant considéré combien était grande cette négligence, la force de son bras (s'amoindrit) pour le combat, en raison de la grande honte qu'il eut de la perte des épées des héros. Tous ces guerriers Vrischnis combattant sur des éléphants, sur des chevaux, sur des chars, ne purent repousser ce monde de pillards : le plus grand nombre (des femmes) de la kalatra attendaient certainement les arrivants avec impatience, (et) Partha faisait des efforts pour la garde des personnes, lorsqu'au regret de tous les combattants, les plus séduisantes femmes sont

---

1. Il y a ici un distique interpolé. (Voir Appendice, n° X.)
2. Voir, au sujet du Gandiva, le Virata Parva, sect. 40 et 41.

enlevées de tous côtés, d'autres aussi désertent de leur propre mouvement. Alors, par des flèches lancées du Gandiva, Partha Dhanandjaya, lui qui est chef, frappa les Dasyous, et avec regret les esclaves Vrischnis en même temps. En cet instant, ses flèches, ô Radja! allèrent à la dérive, elles furent peu redoutables ces buveuses de sang, elles qui auparavant ne se détournaient jamais. Voyant qu'il en était arrivé (à tirer) des flèches qui manquaient le but, le fils d'Indra, frappé d'une douleur poignante, se mit à assommer les Dasyous avec l'extrémité de son arc. Cependant, après avoir, en présence même de Partha, enlevé les meilleures des femmes Vrischnis et Andhakas, ces Mletctchas [1], ô Dhanamedjaya! se dispersèrent de côté et d'autre. Or par le manas [2] Dhanandjaya a reconnu dans son esprit cette action Divine; saisi d'une peine amère, lui qui est chef, il se mit à soupirer profondément : « De la perte « des épées vient l'anéantissement de la force du bras, « de cet anéantissement provient l'insoumission des « flèches de l'arc. » En réfléchissant ainsi sur l'action Divine, Partha tombé dans le découragement s'en retourna alors en disant : « C'est une fatalité! »

Puis après avoir rassemblé ce qui reste d'une kalatra privée du plus grand nombre de ses choses précieuses, lui qui a un grand jugement, il descendit vers le Kaourukshétra [3]. Ce que le rapt a épargné de la kalatra des Vrishnis conduit là, le Kaoravas Dha-

---

1. Les barbares considérés comme gens parlant un mauvais langage.
2. Par les perceptions des organes des sens transmises au moi par le manas. — Conf. sect. IV, note 14.
3. Le cercle des Kourous, contrée située à l'occident du fleuve Yamounâ.

nandjaya le fit habiter de côté et d'autre. Le fils de Hardikia et ce qui reste de la kalatra du Radja des Bhodjas, Partha le plus excellent des hommes (le plaça) dans la ville de Martikavata [1]. Ayant rassemblé ensuite les vieillards, les enfants et les femmes, il fit habiter Sakraprastha [2] à tous ces gens privés de défenseurs. Ayant placé, lui qui est la justice même, Yoyoudana, le fils chéri de Satyaki à la tête des vieillards et des enfants, il lui fit habiter Sarasvati [3]. Il donna, lui Paraviraha, un gouvernement à Vadjra dans Indraprastha, et les femmes mariées peu rigides, réprimées par Vadjra, s'en allèrent. Or, Roukmini, puis ensuite Ghandari Sœvia, Hémavati aussi, puis également la Dévi Djambavati [4], entrèrent dans le feu (du sacrifice). Satyabhama [5] et les autres Dévies approuvées de Crischna firent, ô Radja! leur entrée dans la forêt, déterminées (qu'elles étaient) à exercer l'ascétisme. Se nourrissant de fruits, de racines, adonnées uniquement à la méditation de Hari, après être passées au delà de l'Hymalaya, elles s'établirent dans le village de Kalapa [6]. Ceux des hommes habitant Douaraka qui vinrent vers Partha, le fils d'Indra les ayant classés selon leur mérite, il les donna à Vadjra. Puis, après avoir pourvu aux circonstances, lui, Adjouna,

---

1. Qui a un sol odorant. — Ville située dans le Maloua sur la rivière Parnasa (Wilson).
2. Delhi.
3. Ville située probablement sur la rivière qui porte le même nom.
4. Fille de Djambavan, monstre habitant les bois. Crischna le tua et prit sa fille pour femme.
5. Voir chap. III, note 16.
6. Voir Appendice, n° XI.

fut voir, les larmes aux yeux, Vyasa Crischna Douapayana [1], assis dans son hermitage.

> Tel est, dans le très-excellent Mahabharata, le septième chapitre du *Mausala Parva*.

VAÏSAMPAYANA a dit :

Ardjouna en entrant, ô Radja! dans l'hermitage de celui qui a la parole sincère, aperçut le mounis, fils de Satyavati (qui se tenait) assis à l'écart. Après s'être approché de ce grand religieux qui connaît la règle, il se tint debout devant lui. « Je suis Ardjouna, dit-il [2]; (Vyasa) ayant offert le salut à celui (qui se présentait) répondit : « Que la prospérité soit avec toi! » Ainsi a parlé le Mounis, fils de Satyavati : puis ce grand Mounis qui est toute bienveillance ajouta : « Assieds-toi. » En voyant Partha qui soupirait encore et encore, le manas [3] abattu et hors d'état de percevoir, Vyasa lui dit ceci : « Pourquoi as-tu les ongles, les cheveux,
« les vêtements arrosés par l'eau de l'aiguière [4]? La
« force des genoux manque-t-elle à ta marche? ou bien
« aurais-tu tué un Brahmane? est-ce que tu as été
« vaincu dans le combat? A te voir, il semble que ta
« fortune soit partie; je ne te reconnais pas, toi qui
« es (comme un) éléphant dans la passion. Excellent
« Bharatide! qu'y a-t-il? Veuille promptement, fils
« de Pritha, énoncer ce qui est à entendre! »

---

1. Voir pour l'explication de ces différents noms de Viasa l'Adivança, sect. 63. — Foucaux, Épisodes du M. B. H., pag. 113.

2. Ardjouna se présente devant Vyasa en observant à la lettre le cérémonial prescrit dans le Manou au livre II, distique 122.

3. Voir chap. IV, note 14.

4. Le vêtement d'Ardjouna indique l'intention de quitter le monde; il porte l'aiguière des Ascètes. (Voir Manou, livre IV, distique 52.)

Ardjouna a dit :

« Dans Mausala, sur la place du pèlerinage, l'anéantissement des guerriers Vrischnis causé par une malédiction de Brahmane s'est accompli dans un massacre de guerriers qui fait dresser les cheveux. Ces héros magnanimes, orgueilleux comme des lions, puissants par la force, les Bhodjas, les Vrischnis, les Andhakas, ô Brahmane ! ils se sont donnés mutuellement la mort dans un combat. Pleins de vigueur, ayant des bras comme des barres de fer, vois quelle est la perturbation (qui règne) en ce temps ! ils furent avec des érakas [1] assommés de toute la puissance d'une massue qui frappe [2] ! Jamais, en pensant à l'éclat qui environnait Crischna et les Yadavas, je ne supporterai la perte de ces héros dont rien n'interrompait la gloire [3].

« De plus, écoute encore, ô toi qui possèdes les dons de l'austérité, cette autre chose plus mortifiante encore. Cela me déchire le cœur quand j'y pense et combien souvent ! En ma présence, ô Brahmane ! mille femmes Vrischnies ont été, dans un combat, enlevées par les pâtres habitants le Pantchanada, qui nous avaient suivis. Moi, ayant pris en ce moment l'arc jadis fatal en telle circonstance, la force des deux bras ne se trouva plus être en moi ce qu'elle était autrefois, les épées de toutes sortes me manquèrent, ô grand Mounis ! et les flèches en ce moment se mirent à dériver de tous côtés.

---

1. On se rappelle que l'éraka est une herbe.
2. Il y a ici un distique interpolé. (Voir Appendice, n° XII.)
3. Ici se trouve une interpolation. (Voir Appendice, n° XIII.)

« (Celui qui est) le Pouroucha [1] et l'individua-
« lité incommensurable, (lui) qui porte la tchakra [2]
« et la massue, qui a quatre bras, des vêtements
« jaunes, qui est noir et dont l'œil est comme la
« pétale d'un lotus, atchyouta [3], qui va en tête de
« mon char et dont l'éclat immense consume les
« armées ennemies [4], je ne (le) vois plus, et comme
« je tourne sur moi-même sans l'apercevoir, je
« tombe dans le découragement ; mon esprit complé-
« tement troublé ne peut plus obtenir le calme. Privé
« du héros Djanardana, vivre ne m'est pas suppor-
« table, et à peine avais-je appris qu'il était redevenu
« Vischnou que tout mon cerveau était en confusion. »

« A moi qui m'agite dans le vide (causé par) la
« perte du héros (qui était) mon ami, veuille,
« excellent (Mounis) enseigner par toi-même ce qui
« est le mieux à faire ! »

Vyasa a dit :

« Ils étaient consumés par une malédiction de
« Brahmanes, ces Vrischnis, ces Andhakas et ces
« Maharathras ; veuille, ô toi qui es redoutable entre
« les Kourous ! ne pas regretter leur anéantissement.
« Cela devait être ainsi et la fortune qui soutenait ces
« grandes individualités dédaignée par la puissance
« de Crischna n'avait plus qu'à disparaître. Pouvait-

---

1. Pouroucha est le nom de la puissance immatérielle fécondante, divinisée en Vischnou.— Ce nom est formé du préfixe *Pourou*, beaucoup, joint au radical *Vrisch* qui exprime le pouvoir générateur.

2. Voir chap. III, note 4.

3. Imperturbable surnom de Vischnou.— Bhagavad-Guita, conf. sect. I, distique 21.

4. Ici se trouve un distique interpolé. (Voir Appendice, n° XIV.)

« on, puisque Govinda fournit des forces à l'ensemble
« mobile et immobile des trois mondes, accomplir
« autrement que par lui la malédiction dont ces
« grandes individualités (étaient frappées?) »

« Celui qui porte la tchakra et la massue et qui,
« par amitié pour toi, va en tête de ton char, (lui) le
« premier des Richis, le fils de Vasoudéva Crischna
« aux quatre bras, aux grands yeux, ayant, l'avatar
« (demandé à) Bara [1] accompli sur la terre, rejetté
« le corps, il a gagné sa résidence suprême ; cette
« grande œuvre des dieux [2] faite ici-bas par toi qui
« as des bras puissants, en compagnie de Bhima et
« et des deux Yamas [3]. Je pense en vérité qu'elle est
« complétement terminée, comme aussi (l'action) de
« nos pouvoirs d'agir ; le moment de se retirer du
« monde est venu, et c'est ce qui est le mieux à faire,
« ô toi qui possèdes la fermeté (d'esprit) !

« L'excitation morale, la puissance rayonnante et
« la confiance en soi-même, ô Bharatide! de même
« qu'elles ont état d'être dans les temps favorables,
« (de même) elles tombent quand le (temps est) con-
« traire. Tout ce qui est en germe dans le monde
« animé est développé par le temps, ô Dhanandjaya !
« le temps impose une façon d'être, puis (il impose)
« le contraire par sa volonté propre. Celui qui avait
« état d'être fort, le voilà privé de forces ; celui qui

---

1. Celui qui nourrit. — Surnom de Vischnou.
« Sois avatar par une portion (de toi-même), dit le ciel à Vischnou. »
(Adiparva, chap. LXIV; Foucaux, Épisodes du M. B. H., pag. 137.)

2. Ordonnée par Brahma. (Voir Adiparva, chap. LXIV, et Foucaux, Épisodes du M. B. H., pag. 135-136.)

3. Les deux Yamas. Ce sont Youdhistir, fils de Yama, et Yama lui-même, le dieu de la mort.

« avait là état de maître, le voici qui obéit aux
« autres, et ces pouvoirs d'action, ces armes dispa-
« rues aujourd'hui comme elles étaient venues, ils
« viendront de nouveau à ta main alors que le temps
« sera favorable. C'est à vous-mêmes le moment
« d'une retraite (selon le) rite. De plus! ô Bharatide!
« je pense que ce qui est de plus convenable pour
« vous, c'est surtout qu'elle soit prochaine, ô excel-
« lent fils de Bharata! »

Vaïsampayana a dit :

Après avoir écouté attentivement ce discours de Vyasa, celui dont rien n'interrompt la gloire, le fils de Pritha congédié s'en alla à la ville d'Hastinapour [1]. Puis, entré dans la cité, le héros s'étant rendu près de Youdhistir, il lui raconta exactement ce qui s'était fait envers la famille des Vrischnis et des Andhakas.

> Tel est, dans le très-excellent Mahabharata, le huitième chapitre du *Mausala*.
> Et le *Mausala* est achevé.

Ici, que l'augmentation blâmable du nombre des slokas qui composent les chapitres dictés par Vyasa soit attribuée à la folie [2] du scribe.

---

1. Hastinapour, ancienne capitale des États gouvernés par Dritarastchtra.
2. *Pramada*. (Voir Appendice, n° XV.)

APPENDICE

N° I. — Après avoir constaté les Vrichnis s'anéantissant mutuellement par la force d'une malédiction de Brahmane, les Pandavas furent affligés de douleur. Pas plus qu'ils n'auraient cru au desséchement de la mer, ces héros n'ajoutèrent foi à la mort du fils de Vasoudéva, celui qui porte un arc en corne. Les Pandavas, remplis d'une affliction poignante, étant allés vers Mausala, ils entrèrent découragés et le moral abattu.

N° II. — Occupé successivement par Rahou, le treizième ainsi que le quatorzième (jour lunaire) sera, dans un combat qui surviendra (entre nous) infailliblement, acquis à notre anéantissement.
Djanardana, en calculant la somme du temps, après avoir réfléchi, il a pensé à lui, le vainqueur de Kési, la trente-sixième pluie être terminée.

N° III. — Gandhari, après la mort de ses fils tués dans le combat des Pandavas contre les Dhartarastchtras, prononça contre Crischna la malédiction suivante (Strivilapa parva, section 25) :

Gandhari a dit :

« Crischna ! pourquoi les Pandavas et les Dhartarastchtras
« périssant consumés les uns par les autres n'ont-ils pas
« été pris en pitié par toi qui domines dans une armée con-
« sidérable, autant par la force du grand nombre de gens

« attachés à ta solde que par l'influence d'une parole écoutée
« par les deux parties?

« Madhousoudana! puisque tu as désiré et non pris en
« pitié la mort des Kourous, à cause de cela, toi dont les
« bras sont puissants, recueilles-en le fruit! Si par la révérence
« envers mon époux[1], (révérence qui fut) ma mortification
« religieuse[2], quelque chose m'est acquis, je maudirai par
« cette chose d'obtention difficile, toi qui portes tchakra
« et massue!

« Parce que les parents Kourou et Pandavas se détruisant
« les uns les autres te sont restés indifférents, pour cela Go-
« vinda! tu tueras tes parents!

« De plus, la trente-sixième pluie terminée, toi, vainqueur
« de Madhou! errant dans la forêt, tes parents tués, tes con-
« seillers tués, tes fils tués, tu iras à la mort par un accident
« vulgaire.

« Et à leur tour, alors, tes femmes, leurs fils morts, leurs
« parents, leurs amis anéantis, seront dans une désolation
« comparable à celle des femmes de Bharata! »

N° IV. — Le Diamant[3] se trouva en ce moment resplendir
par lui-même, Syamantaka[4] également aussi : le fils de Satyaki
fit entendre le récit de ce (qui se passait) au vainqueur de
Madhou.

N° V. — Lui (il vit) cette (ville de) Douaraka ayant de
l'eau à la place des Vrischnis et des Andhakas, des poissons
au lieu de chevaux, des trains en place de chars, (le bruit) du
torrent pour résonnement de chars et d'instruments (de
musique), ayant ses places devenues des lacs, l'assemblage

---

1. Comme Dhritarastchtra était aveugle, Gandhari, sa femme,
se condamna à porter toujours un bandeau sur ses yeux. Cette mortification lui acquit un tel pouvoir, qu'elle put lancer contre Crischna une imprécation qui eut son effet.
2. Voir Manou, livre V, distique 155.
3. Crischna portait un diamant à son poignet.
4. Nom du joyau que Crischna porte sur sa poitrine.

des plantes marines pour joyaux, et pour diamants des touffes de malini ; là où se réunissaient les chars il y a un tournant d'eau, et un étang là où était une cour fraîche, (il vit cette ville) subissant l'immense perte de Rama et de Crischna, saisie par le nœud coulant de la mort et dangereuse comme la (rivière) Vaïtarani elle-même.

N° VI. — « Lui qui ne fit pas de cette première exécution
« (son action) principale, mais qui agit aussi sur les Kalingas et
« les Maghadas, ainsi que sur ceux qui occupent les terres dans
« la contrée privée d'eau, comme aussi sur ceux qui règnent
« dans les régions montagneuses du midi et de l'est, lui le
« vainqueur de Madhou, qui est au-dessus des infortunes et
« que vous pouvez connaître, toi Narada et les Mounis
« (comme celui qui est) favorable, étendu à toujours, procu-
« rant le Paradis, sans tache, divin et immuable. »

N° VII. — La ville de Douaraka semble, d'après ce qui est dit ici, avoir été bâtie en empiétant sur la mer à peu près comme fut bâtie Venise. On ne connaît pas bien exactement l'endroit où elle était située.

Arrien, au livre VI de son histoire, parle d'un grand lac situé tout près de la mer sur la gauche des bouches de l'Indus et sur lequel Alexandre a navigué : on ne trouve pas ce lac dans la carte de Rennel, qui indique seulement sur son emplacement des terres basses et marécageuses. Peut-être la ville de Douaraka était-elle située là, et ce lac, formé sur l'emplacement de la ville engloutie, aura disparu, depuis le temps d'Alexandre, soit parce qu'il aura été comblé par les alluvions, soit parce que le terrain se sera progressivement relevé.

N° VIII. — Une quantité considérable, des milliers, des millions, des centaines de millions même de femmes Bhodjas, Vrischnis, Andhakas, leurs maris tués, sortirent de tous côtés.

N° IX. — Si courageux qu'il soit, quiconque se trouve

séparé de cette terre ¹, la mer, elle le submerge de son eau.

N° X. — « Seul archer, cet Ardjouna, après avoir passé
« au milieu de nous, ainsi que ces guerriers qui ont perdu
« leur énergie, il conduit avec lui le vieillard et l'enfant qui
« ont perdu leur directeur. »

N° XI. — Kalapa est le lieu où doit naître Kalki, future et dernière incarnation de Vischnou, qui doit venir sous cette forme délivrer l'Inde des barbares au mauvais langage (Mletcthas) qui l'oppriment, et lui rendre l'âge d'or.
Dans le Guida-Govinda, chant I, stance 14, Djayadéva s'exprime ainsi à ce sujet :
« Pour l'extermination de la multitude des Mletcthas tu
« brandis, semblable à un astre qui tombe, un glaive aux
« dents saillantes ². »
« O Késava ! toi qui as pris le corps de Kalki ! Victoire à
« toi, Hari maître du monde ! »
Dans plusieurs Pouranas, cette incarnation est aussi annoncée et il faut bien remarquer que cette prédiction est de beaucoup antérieure aux invasions que l'Inde a subies de la part des Musulmans et des Européens.

XII. — « Cinq cents tués font mille bras d'entre eux. »
Après avoir constaté cette mort des uns arrivée à la suite de celle des autres.

N° XIII. — « Pas davantage qu'au dessèchement de la
« mer, à la vacillation d'une montagne, ou bien à la chute du
« ciel, ou bien encore à la fraîcheur du feu, je ne pense pas,
« moi, qu'il faille ajouter foi à la disparition de Sargadhanou ³,
« et s'il en est ainsi, je ne souhaite plus, privé de Crischna,
« rester dans ce monde. »

---

1. C'est-à-dire perd pied.
2. Le sabre dentelé est une arme particulière aux Indous.
3. Celui qui a un arc en corne.

APPENDICE. 47

N° XIV. — « Les armées ennemies déjà consumées par « son éclat, j'achevai, moi, de les détruire par des flèches « lancée du Gandiva. »

N° XV. — Cet avertissement et d'autres plus étendus, placés à la fin de chaque livre par les Pandits qui ont dirigé l'impression de cet ouvrage, démontrent que le soin qui a été pris d'indiquer dans un exorde [1] le nombre des chapitres et des slokas dont chaque livre du Mahabharata se compose, a été inutile pour arrêter les interpolations. Les scribes, grisés par le long travail de leur copie, arrivant toujours à se croire inspirés par Vyasa lui-même, ont continué, par une sorte d'hallucination (pramada), à intercaler les distiques qu'ils ont cru leur être révélés. Cela est allé au point qu'un des livres, le Vanaparva, compte maintenant quarante-cinq chapitres et 5515 slokas au delà du nombre indiqué dans l'exode [2].

On voit par cela combien il est difficile maintenant de savoir au juste de quoi se compose le Mahabharata. Aussi, pour faire connaître ce poëme au public, ce qu'il y aurait de mieux à faire serait de commencer par dégager du milieu de toutes les épisodes le vrai poëme, le Bharata, composé en vingt-quatre mille slokas par Vyasa lui-même, le purger des interpolations dont il fourmille, et le traduire.

Si un tel travail était fait avec soin, nous aurions en France quelque chose à montrer à côté des belles publications qui s'éditent en Allemagne et en Angleterre sur les œuvres de l'ancienne littérature de l'Asie. Mais pour qu'une telle traduction soit réelle et ait de la vie, il faudrait préalablement étudier ce qui est encore très-peu connu : les idées particulières aux anciens Indous; car présenter au public le Bharata traduit sans la connaissance des idées qui ont présidé à sa composition, c'est lui montrer un corps sans âme. Que serait-il d'une traduction d'Homère exécutée sans connaissance des

---

1. Voir au livre II de l'Adiparva.
2. Voir l'avertissement que les Pandits ont placé à la fin du Vanaparva.

idées morales et religieuses de l'antiquité grecque? Quand bien même on saurait parfaitement la signification de chaque mot grec, la moitié de ce qui est dit ne serait pas compris, et le lecteur, ne pouvant se rendre compte de rien dans une semblable version, abandonnerait bientôt un livre dépourvu d'intérêt pour lui.

www.ingramcontent.com/pod-product-compliance
Lightning Source LLC
Chambersburg PA
CBHW070703050426
42451CB00008B/467